PÉRIPLOS

Simone Homem de Mello

PÉRIPLOS
(31 poemas)

Ateliê Editorial

Copyright © 2005 by Simone Homem de Mello

Direitos reservados e protegidos pela Lei 9.610 de 19.02.1998.
É proibida a reprodução total ou parcial sem autorização,
por escrito, da editora.

Dados Internacionais de Catalogação na Publicação (CIP)
(Câmara Brasileira do Livro, SP, Brasil)

Mello, Simone Homem de
Périplos: (31 poemas) / Simone Homem de Mello. –
Cotia, SP: Ateliê Editorial, 2005.

ISBN 85-7480-277-8

1. Poesia brasileira I. Título.

05-8194	CDD-869.91

Índices para catálogo sistemático:
1. Poesia: Literatura brasileira   869.91

Direitos reservados à
ATELIÊ EDITORIAL
Estrada da Aldeia de Carapicuíba, 897
06709-300 – Granja Viana – Cotia – SP
Telefax: (11) 4612-9666
www.atelie.com.br
atelie_editorial@uol.com.br

Printed in Brazil 2005
Foi feito depósito legal

Sumário

Noturno de Alt-Moabit 9

A Alcance de um Grito 15

Montanha Mágica 17

Ra(dio)D(etecting)a(nd)R(anging) 19

Kouros 21

A Deus, que não Ouve (Tríptico) 25

Ponto Cego 27

Facing the Sunless Dead (Outro Órfico) 31

Dos Territórios (Um Roteiro) 33

Pas de Deux 35

Moinho, Contínuo 41

Ruído 43

Poente 45

Assimetrias 47

Outro Périplo 49

Alte/Neue Weinsteige 51

À Csínia 61

S.O.S. 63

Alba Líneo-Láctea 65

Diante da Esfinge 67

Einsteinturm 69

Cartografias 71

Dentro da *Perda da Imagem* 73

Emenda 75

De um Postal do Paraíso de Creuzfelder, Extraviado
nas Águas do Piegnitz 77

Recinto 79

Das Mädchen mit den Schwefelhölzern (Musik mit
Bildern) 81

Gelsêmio 83

Sonho de um Sol Negro (Anúncio de Eclipse) 85

O Duplo (II) 87

À Vista 89

Grafia de Assombros – *Claudio Daniel* 91

Noturno de Alt-Moabit

No teto, a guirlanda,
flora única ao redor.
O meandro em gesso,
era mero engenho
do que não cingia:

Elipse de um silêncio de-
marcado a dedo,
suspensa à cabeça,
a esfinge decifra só
o que o dígito devora.
Ela olha, aquém da voz
:en_voi:la!notte:
dança noturna, a negra e
a taça, (*who is the person?*)
ainda por libar o vinho,
acrobático jogo de (*shut up!*
  it's dizzy's soul) corpo,
outro gesto dela,
a adejar a cabeça,
acena em branco

:aqui jaz:
o que o silêncio circunscreve.

Em volta do fogo ausente,
as cadeiras eram arestas
a serem limadas por sinais
amenos   (*wouldn't you come*
emitidos de longe: *closer?*)
um certo tecer de fio indistinto en-
leia, ao eixo do retrós, imóvel rede-
moinho de sílabas, segredos a fio,
(*a drop of something?*) des(*no,*)vela
e, lenta, retrossegue
(*not yet.*), sem ceder.

A voz dele sela à cera
(*impossible to draw...*)
o que a dela silencia.
De um arabesco celta
onde o fio da meada?
(...*a woman*)

Entre abismos, só
o vestígio do fogo:
a fumaça ascende,
e, corredia, indica
    o grito
      ex-
       tinto,
       re-
      vestindo
      o vale
     de ruído
     branco,
    ao invés.

*thinghappeningtillyoucould
makeawhat?wasIsupposedt
osoundalittlebitmaybenoon
eiswhatyouthinki'maboutm
idnighthesaid:getonwithit'
soverthepointis,heexisted,u
nlessyouweredeaf,ofcourse,
whois,moreoverdead,notint
heleast, but to forget the*

Enquanto o traço dele
delineia   (*impossible
to draw*) outro círculo:
um raro, com vértices.

Desvia
o olhar
do alvo
aponta
a seta:
but to forget the desire – that's dirty
acerta
a mira

(It's me.)
Foi o coiote que inventou a morte.

Anunciou a sua,
para mover os mudos:
que cada qual ecoe,
para acuá-la
– ao canto! –
e, adiada a vinda,
desinventá-la.

(I am the ethnic person.)
Foi o coiote.

A gaita fala.

Will the circle (

by and by,   *by and by*

you can picture

'round the fireside

long ago

one by one

their seats

were emptied

one by one

they went away

will the

) be unbroken

O peiote, para muitos,
(*isn't for a single one*)
traz à tona o que não
houve, mas se finge
extraviado:
revisitar o invisto.
Não um percurso refeito
pelos aposentos, passos
espaçados pelo átrio,
rumo à rua (
a chuva cessara
), mas sim o
halo em torno
de lua alguma.

Vista da rua,
a guirlanda
era um arco.

a maria thereza alves
& jimmy durham

A Alcance de um Grito

Sem retaguardas,
desafia.

De corpo aberto,
pele só e osso,
resoluto, o lutador,
samurai sequer munido,
salvo de agora
(grife-se "hora h"
este átimo-respiro):
indistinguível
se rende-se
ou se em breve enredará.

Pulsa,
impassível,
sob uma nudez mineral.

De um Oriente insuspeito
comparece ao convés,
para avisar a Perimedes

(via sirenes)
que a cera promete
liquescer em cantilena,
e revelar a Odisseu
armipotente,
atado ao mastro,
que o punho
               (da vela)
está por um fio,
para romper a qualquer
mover do vento.

Montanha Mágica

Parecia ter contado
os dias,
dias e dias
a fio, nos dedos,
assim como as parcas

horas,
horas e horas recordadas,
ora esquecidas sob sonos
difusos, fusos de horas
dormentes,

até ser acordada por
(sua voz
vazava de lábios
como sempre contidos,
densa, minava d) ele,

ali, antes de tudo,
de qualquer pesar
ou passar de tempo,
onde nada

que não fosse
intacto.

E ao esquecer-se
distante,
por um átimo,
abreviou-a
numa única sílaba, (sim,
só cabia a ele,
em sua boca)
enquanto seus olhos
a escandiram,
de novo,
mesmo sem vê-la.

Ra(dio)D(etecting)a(nd)R(anging)

Sondar um desejo
iminente:
o de um viajante
que soube
tangenciar tornados,
absorto em curvas.

Sem desviar os olhos,
somente compilar
restos de emblemas:
a palavra, aquém
de qualquer gesto,
se fecha
à imagem adjacente.

À margem de seus passos
os sinais se aglomeravam,
polifásicos:
um e outro quase-objeto,
avesso aos nomes,
apenas sondado.

A tangente não era escape.
Somente descrevia, de fora,
lufadas de um vento
que não chegaria,
por ora, a arrasar
os marcos da paisagem.

O viajante só
relou-o com a pele
(o recém-tornado
se encerrara
entre parênteses),
sem adentrar
sua esfera,
pois não chegara
a ser tragado,
nem a aplacá-lo.

E apreendeu-se,
então, outro,
de uma outra matéria
que os sentidos.

Kouros

De quem adia
com os olhos
(visionário)
o que acaba de
se gravar à pele:

deitado ao chão,
o mármore
semilapidado,
dissimula-se às tantas
curvas do relevo,
esquecido do cinzel.

Divaga
(lisa malícia essa,
a que seus lábios
acabam de esboçar)
ainda ao alcance
das mãos, ainda
pouco depois de
a pedra romper,

quem o esculpia
se ausentou
a meio caminho:
e ele,
ele, tosco,
no descampado.

Do mármore, o grafismo
marca traços ausentes,
sua face, sempre outra,
à contraluz. Sob um sol
eclipsado,
obscurece: repentino,
ele,
ofuscado pela sombra
interina
(que tanto se pensa
infinda quanto passa),
deslembrado
de cada réstia
de luz já vista.

Aquele instante era sem prazo:
lapso do restante,
não consentia
nenhum depois –
enquanto
o Kouros de Naxos
dorme em Melanes,
sob tamariscos.

Aquela sombra o cegou.
E a boca, entreaberta,
soletrou
(os lábios incharam)
que o êxtase
é um corte.

A Deus, que não Ouve
(Tríptico)

Recontadas
as amêndoas
de Antschel,
uma a uma,

aprender
com a Tristia
de Mandelstam
que a despedida
é uma ciência,

enquanto
o origami de Sharoun
lança, em vão, seu cobre,
contra um céu desmaiado.

Ponto Cego

à cause de ce mensonge de dire
que la mer est noire

M. Duras

Encerrado
no círculo
vicioso-sísmico
(talvez apenas a sombra
de um outro, traçado
a beira-mar, a areia mar-
cada a compasso, pacto
de fronteira, com beiras
ainda), ele cisma consigo,
mas sou eu que abalo
e assim o releio:

Mesmo às cegas,
a retina
ainda neblina
que um anjo
tingiu de azul
(*eye, with a film over it*),
tento revê-lo
em outro relevo,
o de sua letra ferina,

a que fende e não cicatriza,
mas meu olho filtra
(*with a hideous veil over it*)
e trai a escrita,
por não querer
jamais perdê-lo
de vista.

Ainda às voltas
com certa flor,
enovelada em
Novalis, o avisto
no oco abismo,
buraco negro
sem escape,
mas no meio
do redemoinho
só reconheço
o que seu diabo
tem de prismático:
apesar de tão
lúcido-suicídio
(a dúvida cortante
de dois machados),
ele só faz,
a meu ver,
transluzir
azul.

E assim perco o foco
do oco desvio, o olho
(*the damned spot*)
às escuras, adormeço
no desejo de descegá-lo
desse desassossego
e, em sonho, ao menos,
sou eu que o embalo
e assim me enleio.

FACING THE SUNLESS DEAD
(OUTRO ÓRFICO)

Retornou
do Orco,
como raros,
a prenunciar
o que a morte
oculta.

Em vão, ela
quis selar
seus olhos,
eclipsá-los,
a bálsamo
cegá-lo.
Mas ele mirou.

Perfurou,
com olhos
argutos,
"o rombo
no tecido
do espaço" –
e entreluziu.

Fáustico, voltou-
se, viu-a
no vão, ele,
no meio do
vórtice-*vertigo.*

Só, ele

retornou
do negro
Orco com o
branco koan
aos cegos:
um cristal
de neve
      (r more)

DOS TERRITÓRIOS
(UM ROTEIRO)

Prestes a romper
o cerco,
não mais contra-
cenar com seus
senos e co-
cientes.

Sem pensar
duas vezes, dis-
pensar sentidos
e sentinelas, re-
baixar a guarda
de fronteiras,
proscrevê-la.

Abolir alfândegas,
clãs e destinos.

Sem prós e pós-
tumos túmulos,
decepar a rosa
dos rumos,
dissipar ventos

(oito deles),
despir-se de
pares e díspares.

Minar
a margem
(terceira)
de um rio
anônimo.

Extra-
ditá-lo.

Pas de Deux

"...und die schreien noch, die möwen..."

I

só um corpo
dilacerado
entre objetos díspares,
    escafandros corais candelabros clásticos
    máscaras de esgrima imãs facas vidraças
enviesado,
em híbrido jardim
de inverno,
    primavera plena de gritos óticos
    o verde em folha rebenta
    contra o céu sem fundo
sob o umbral, avulso,
atrás de um livro,
dorso em mãos, ante-
paro: só corpo,
pressinto-o.
    presa: o tubarão fecha seu raio,
    espirala-se, imperceptível.

fora da redoma, o vento tênue
pincela-ciprestes, lança-ruídos
mescla meias-palavras,
impressas, a vozes de aves.
    no batente, o barômetro
    alienado aponta tempestade.

sem cena uníssona,
só corpo, presente,
entre objetos díspares.

II

talvez por desaviso,
ele se imiscui
à cena,
camuflado de rumores
    o bote, assim que farejado,
    seu cheiro, à traição
em tão lenta coreografia
impercorrível,
insufla vácuos,
    lá fora o vento preenche, quente,
    sem dissipar qualquer folha
como quem sopra vidro, cava
interiores, para ornamentá-los,
depois, com retalhos recoletados
    acesa a lamparina,
    vaso com ramos de zimbro,
    de improviso, uma moldura vazia

sitia um corpo, o meu,
tão presente e epicentro
de mais um remoto
enclave mnemônico.

mina vãos e vazios,
circunsolar.

III

a alcance
dos cílios

entrelábios,
mal intervalo
de um hálito
desritmado

de tão imediato

seu nome
me escapou
da boca
e ecoou

alheio

IV

à cabeceira,
o mergulho

fundo de gueixas em busca
de ostras fora de alcance a
nado em alto-mar volutas
entre pernas as pregas
do quimono entre sengas,
reluz nas mãos de uma, única,

a pérola

do mais puro oriente: seu lustre
escoa da gravura e faz-se alva

além de qualquer azul
o filme, superfície
da primeira luz filtra

seu perfil
dormente

respira, rítmico,
na réstia ultramar:

V

o barulho do barbeador penetra o dia.

VI

algo
do meu vulto

emoldurado
na esquadria.

da lareira, o eco
do vento rasante
na boca da chaminé
em timbre vítreo.

no canto,
malas intactas,
de viagens suas
ainda não desfeitas.

seus olhos,
cada vez mais rasos.

VII

vagos,
sobre a grama úmida.

toda dor afilada a bisturi
na tatuagem forjada
sobre a minha pele.

cicatriz
de um abismo
a dois.

VIII

o narguilé tingiu de aromas a parede coberta de afrescos.
enquanto isso, a chuva ondulava – às ocultas – romances
policiais, vários, e o pouco de m. duras que ainda não fora
lido em voz alta.

IX

sem desvendar sua senha
(rosebud)
esquecer minha sombra
em xanadu

e meu arsenal
de mortes
similares

ao voltar à tona
um tema da sinfonia
de schubert, inacabada.
a fumaça se dissipa
porcelana
de dentro da caixa
de musas:

diz-se que
pandora é
(a última)
que morre.

Moinho, Contínuo

ofegante choque
(gélido / cálido)
de abismo e sol
estridente:
de dentro do breu
o fiapo d'água
enrosca o cascalho,
impelido pelo moinho.
e aquele marulho
camuflado
de folhagem eólia.

foi nesse limiar
(chão / vão)

– a pele molhada, arrepio,
e o peso do corpo
alternado em cada pé, sobres-
salto em cimento escaldante,
no tórax o impacto opaco
da bola de bocha contra solo –

que vislumbrou
o precipício.

ocorreu-lhe bem depois,
ao revisitar
este mesmo instante,
já emoldurado:

a sombra do pinheiro
pende do claro da lua

RUÍDO

Conchas dispersas
pelo mar de muros
ecoam outro outono

O raso das antenas
capta em parábola
a mensagem elíptica

Empoçada no côncavo
a mesma luz rasteira varre-ruas
infiltra-frestas agora transmite

Fora do ar
a tela alterna faixas
crespas ondas tecem
o marulho teledifuso

Coados fatos, feitos e ditos
a concha colada ao ouvido
escoa um silêncio rarefeito

Incide ou-
tonal emite
um sol sem zênite

POENTE

Cúmplice de presenças
do opaco frio
cadente
a noite pontuada
de lampiões a gás
enquanto o eco
linear da urbe
no fundo afaga
volátil a garoa.
Este o ingresso
em sua voz serena.
Ele arremata de longe
o recém-diurno
com histórias quase
trêmulas de um medo
tão irredutível noite.

Pausado fala
do mergulho suicida
sobre a pedra a seco
costurado o corte

sem narcose estancado
a gelo o sangue
e agora só
a casa oca
de sombras ocres
no sótão o cacto.

Para quem perdeu
no poente as pistas
de mais um dia
(mais um afogado
no limbo de lapsos)
nada como alentá-lo
assim com o avesso
de seu tecido raro
e revestir-se dele.

Assimetrias

auto-estrada. sua silhueta, pregada contra o horizonte móvel, abreviatura: nem todos os caminhos levam a roma. e quanto ao reverso do palíndromo? pausa reticente. cravei os olhos nas suas têmporas.

entre placas e palavras corredias, deslizou dos meus lábios a ameaça de rapto. deu por perdida a última saída, de susto. alarme falso: descobriu-a no mapa, mais adiante. sorriu assim, refeito: refém e resgate.

quanto mais campo adentro, menor a cidade e tudo de urbano – ele dizia. e contava. nozes vasculhadas entre a folhagem. duo: divagamos sobre o vagar e chegamos antes da hora. sem fôlego.

perdi sua identidade. reencontrou a cédula no chão. lembrou tê-la extraviado dias antes, sob o chuveiro: olhara-se no espelho e não vira ninguém. reconheci-o pelas mãos e pelo que tinha de manso.

ilustres desconhecidos, de longas datas. cruzara o meu átrio, sempre a caminho do ateliê, o filho do escultor, sem saber-me. de ambos os lados da mesa, compilávamos mais acasos, pontuados de exclamações.

perdera na memória a frase que o fizera chorar. falava de luz e de sombra: traduzia-se desterro. perseguia-o feito idéia fixa, essa breve amnésia. e martelava como o resquício do último romance, dito vão.

ao meu encontro, do outro lado da ponte. nós, tríade tateando as tantas margens do canal. sob lampiões esporádicos, recitamos o *quartett* de müller, avulsos. entre fábricas abandonadas, mais um ritual de ímpares.

em rua de nome enciclopédico, cilada ciclópica: só, entre gestos alheios. cesta com quebra-nozes, banho de alecrim, ânfora de lavanda e incertos ecos. livro de cabeceira, em verso. ouvi passos na escada, a chave rodar.

até o último segundo pensei em armadilha.

Outro Périplo

só ao circundar o côncavo
do vale – anfiteatro de escarpas
delimitado pelo vagar estereofônico
de um e outro pássaro à borda,
à moda do canto dissilábico
do cuco, eco concêntrico
de pedra arremessada à água –
atinar para o linear do périplo:

o trajeto injetado no espaço,
só engendrado ao se deslocar
– nem a encosta, revestida de fino tecido
microfloral, nem o abismo estratificado
(o tempo se codifica em pigmentos:
ora retroativo, nos segmentos de cima,
alpestres, ainda primavera, enquanto o verão,
já próximo do solstício, fizera desertar
a flora abaixo, ora progressivo,
a cada crono sedimentado,
nuances sobrepostas)
perfazem o risco do estreito,

diante de tal medo da queda
– só engedrado ao transpor-se um
e quem sabe outro deslugar, limítrofe:
a cada curva, qualquer alvo ou destino,
mytikas ou flor azul,
faz-se transliminar.

degelo fluido, ao pé do olimpo,
o enipeas deriva um novo périplo:
prossegue a seco, rio sem foz,
sem desaguar em mar nenhum,
drena-se por si, linear e sem retorno.

Alte/Neue Weinsteige

I

Cravar na marra
o que o declive escoa:
em falso, o passo só
prenuncia o próximo
deslize.

(Eram esses aqueles tamancos de gelo?)

Por tão dissimilar paisagem
passada, a rasteira
busca de (cifrar mais adiante,
após outro tombo, sondar)
um rastro, seu próprio.

Neve. Encoberta a rota,
restava apenas o desafio
de como apegar-se ao quê
de terra, sob incerta crosta lunar,
mais uma encosta, corredia.

Outras luzes eram longe.
E o branco noturno
tinha algo de azul.

Naquele escalar insano,
o corpo, não apenas um contra-
senso bélico de punhos e unhas,
não combate apenas, a duras penas,
baque após baque: assim ofegante,
ameaçava descoagular.

(Não eram de vidro, como os romanos?
Eram mesmo de gelo os que calçara,
no átrio de uma vila?)

Mais acima a matriz:
no abismo, avistada
a cidade-cristal, ela,
(tão perto, Kubla Khan,
despertada: foi sonho, ou?)
e aqui, quase ao alcance,
a torre-escarpa, inegável.

Por tão dissimilar paisagem
passada, em branco,
o quando desta amnésia
era há muito.

(Como se deixara conduzir, à via íngreme,
por tais tamancos?)

II

À margem
da escarpa,
o olho lançava o corpo
já narcotizado
num tatear discorde:
foi aqui?, indagar-se
e a gana de vagar, rápido,
repentino, outro aceno
boquiaberto.

Imune a qualquer senso,
cada passo buscava, lento,
em preciso ajuste de lente,
retroagir ao ponto de onde,
como se houvesse.

Enquanto isso, a cidade,
filigrana háptica,
fincava luzes contra o fundo,
noite abaixo.
Por trás,
o respaldo dos vinhedos;
ladeada, a via serpente.

Resgatado o foco,
aquele pontilhado
viria a se tornar

urbe revisitada;
ou apenas o desatino
de seguir às cegas,
de seguir as marcas,
ao encalço de onde viera.

(Primeiro a paragem
por onde teria passado,
sem se hospedar:
os degraus até o vestíbulo
deserto, de alguém
nem sombra sequer,
apenas os sapatos, lado a lado.)

Permeado de correspondências,
um olho mais que ávido:
a retina retraía ao que era,
malha fina de riscos,
interceptados por outros
e outros riscos.
Era o andar estratégico
de um enxadrista,
sem agora,
com a vista partida
entre o que via e
o que viria.

(Depois a cerca
onde se debruçara

sobre o vale, a cidade
imersa, revestida de branco:
fachadas distintas,
logo aqui, ainda aquém
de uma distância fingida.)

Para logo cair
na próxima cilada:
outra similitude,
imperfeita, contudo,
com todo ímpeto
de lançar seu pulso
à margem da dúvida.
Até o próximo lance,
fundo falso,
outra armadilha,
para pôr em xeque
as coordenadas
e denunciar
que seus olhos
eram muitos.

III

Até emergir o mirante.

Dissimulava-se onisciente
periscópio, reverso
de certo ponto cego,

ora panóptico,
de onde nada
jamais escaparia,
vigília sem cessar-
fogo, foco multiface,
sob comando único;
ora observatório
de faro anamorfótico,
vértice preciso,
a transfigurar
matizes em matriz.

O mirante seduzia
pelo contra-senso.
Apesar de fingir
retroagir a diáspora
(convergir os rastros
ao momento anterior
à primeira distância),
era, sim, ponto de fuga:
nomeava um
outro quando,
de matéria incerta
mais forjável
(bem mais)
que este instante.

Agora,
sob o mirante sem portas:

vedado o acesso
ao totem, circundou-o,
vezes inúmeras,
à guisa dos prisioneiros,
girando em falso,
no pátio do presídio,
sem nunca coincidir
com a própria sombra.

A noite toda.
Ao amanhecer,
já compassados
passos exaustos,
reconheceu-se
na insólita silhueta
dos corvos,
já estreitando o raio
em torno da presa.

As asas arfavam.
Só então soube-se
girando o tambor
de uma roleta russa,
viciada no tiro certeiro.
Só com seu pulso,
único cúmplice:
parou.

E depois do disparo,
o vazio era estanque.

IV

Miríades
de estilhaç(os
entreatos irrompem:
a cada batente, único,
um gesto, a nu)ncia a
farpa, perdida, atrav(es-
sa chave já escava, calma,
o oco da fecha)dura só um
átimo e se con(some sob
a gola do capote, imerso
no vapor de seu hálito,
mais denso até que a
né)voa em desnorteio,
perdido o p(rumo à rua,
ao longo da guia, ecoam
por entre lábios, trechos
de um breviá)rio de faíscas,
ras(antes mesmo do grito,
o corvo se antecipa, o busto
curvo turva o branco, busca
outro canto, des)afia lanças,
fina chuva de fagulhas, uma
desorbita, espora de flanco
e atr(avessa garra ancora
no solo a silhueta, menos
sombra que estatu)ária de
augúrios, ritos e restos de

gritos, vagos ecos de terre-
moto contínuo, de sinos e
hinos, vozes inter)caladas
ainda, as ruas acordam sob
as rodas, janelas acesas
abrem primeiros bocejos,
degraus estalam sob jornais,
o carteiro busca destinatários
de tantas correspondências.

Nem uma ponta
de presságios.
No cruzamento,
concreto, sem par,
o corvo: coisa,
corpo irredutível,
em meio ao tráfego.

V

Entre cílios, cego
de neve, o cristal escoa
todo branco inverno.

À Csínia

que silencie o resto   quando ela
a tingir o que vê   com sua insígnia
se inclinar assim

           oblíqua

a espada há de fender   a fresta:
em vão   se esquivará do escape
quem tente

          evitar

que ela chegue   à surdina
a soprar o que se quer

         imprimir
(o   timbre   deste   corte   eólio)
só para depois negar

      que se sabia esgrima

e mesmo que negue virá

        às escuras
a riscar a sina de muitos

       poucos

                    mas se ela vier
a tirar o corpo

                         pela fresta
não a verá   quem não siga
de viés

e que não reste   nenhum senão
nem   o   silêncio   sequer

S.O.S.

No arquipélago
extraviados
de um único naufrágio
sem telégrafo
nem correio-garrafa
dispersos sobre areias
sem pregas nem arabescos
ou quaisquer outros códigos

Convergiam
só pelo visto

Longe ele fitava o fundo
de onde uma água antes
ora nuvem chovera muito
distante e aqui
repentino o relâmpago
fez pulsar noturno
o que o dia ofuscou

Insulavam-se
intermirantes

Alba Líneo-Láctea

Escancarada a fresta,
reviu-se Pandora
(de Pabst),
alvo do que escapara.

O rosto,
halo retro-
difuso, ora vertido
em
crist
al (lin
)o(
gráfico
retrato,
outro símile as-
sim límpido não ha
- via:
láctea como se   d'
estilada em á
gua) -

Escoou.

E ao rever-se
assim, na réstia,
em línea veste
de outr(or)a,
já diáfana,
o dia serenou.

Diante da Esfinge

De uma voz
tão audível
nada turva
lapida em matéria
líquida a travessia

Remetente
de senhas
(palavras-passe)
antecipa
a cada estreito
o que ainda
indesvendável

Com tato
ela o expede
ao passageiro
em feitio exato
portátil

E por longo
enquanto
vedado
na valise
o enigma
cristalino

Latente
até a água
fender a pedra

EINSTEINTURM

nem sob as bombas
da primavera de 45
chegou a desmoronar
ou pulverizar-se
em idiomas díspares

a nave de babelsberg
manteve-se
cinética
do esboço à matéria

fixado a crayon
o contorno
de uma visagem súbita
vislumbra

algo entre
"o telúrico e o planetário"

através da
prisma-objetiva
fundida

pela schott & co, de jena,
e lapidada nas oficinas da zeiss

com ótica
penetrante
o observatório
volátil
(rabisco respiro,
logo falo em riste)
erigido
em relatividade rítmica
navega o contínuo

captada sem qualquer atraso,
a luz dos astros imediata-se
no caligrama de mendelsohn

Cartografias

que a marca
     em registro outro
– por certo gesto e meio, com efeito –
à pele
grave   a fundo
   o que desnuda em seu percurso

longo, às ondas de um tal oceano que
ainda – por ser cartografado – deixa a
margem tão difusa, quase obscura até

que o traço
      lento
– sob contorno, o de um corpo refeito –
leve   embora tão longe vento
traga seu toque
     assim subcutâneo

à tona: em superfície já mapeada agrava
este mero invento o que no fundo cobre
ao redescobrir em outra escala o mesmo

que o corpo

                      tão presente

– a ponto de ausentar-se, a contragosto –

recuse a agir de pronto

                      ao que de imediato

retroage

Dentro da Perda da Imagem

> *E ela, a observadora, também estava*
> *dentro da imagem. Decifrava.*
>
> P. Handke

Se pincelada ou se destacava-se
da tela, não se sabia.
Sabia-se só
(mulher azul, deitada)
sob tílias e lia entrelinhas.
Sobre musgo e humo de outono,
folheava o livro, indecifrável.

Entre estantes, dorsos de fólios
intrincados em troncos, todos
matéria-prima da mesma fotossíntese,
inclinava seu torso. Lânguida.
E os parques continuavam.

De uma língua fugidia,
pinçava palavras apenas,
para logo perdê-las
(já tornadas imagens)
no limiar da paisagem.

Até a margem transbordar
e emoldurá-la
no espelho da página.

EMENDA

Minado,
o terreno emana
trajetos de antes.

Amálgama de tanta
passagem precoce-
mente abreviada,
a paisagem evacua-se,
inter-

dita-se:
emenda

de ameaças e de tudo
o que cada uma
tem de indetonável.

Grafa-se
de um
relevo

ilegível
(porque fóssil)

pontuado
de lituras
e erratas.

De um Postal do Paraíso de Creuzfelder, Extraviado nas Águas do Piegnitz

À guisa da serpente,
ela seduz, sibilina,
ou simula traduzir
ao invento (Adão atenta)
o intento do artífice.

Por um fio, seus muitos,
Eva reconduz, ardilosa,
a mão de quem forjou
da argila (*adamah*) à forma,
e a remodela: verte o gesto,
a dedos, em reticência.

Da tríade intérprete
translitera, em ofício ofídio,
o código do artífice
em antídoto,
e protela (Adão aguarda)
o que no princípio.

Em mímica ambígua,
diz e dissimula,
inocula, precisa,
a dúvida, finca
a presa, desnuda
a falácia da língua
dita adamítica.

Ela protrai a palavra
(Adão retrai),
e por um sopro,
converte o molde
em verve sinuosa.

Eva desvirtua:
enquanto o verbo
se dilui em deflúvio.

RECINTO

Enquadrado
no esconderijo,
até dissipar-se
a penúltima pisada.

Com faro raso,
rastreia
a menor
ruptura.

Só susto, filtra vultos
por debaixo da porta:
veda trincos e fisgas,
empareda-se.

Ali,
na surdina,
murado,
sob uma
paralisia
fóssil.

Contra o sol
incide de cima
um som invisto:
na pauta
de fios elétricos,
a andorinha arisca
pontua, semibreve,
o azul laminado.

Das Mädchen mit den Schwefelhölzern (Musik mit Bildern)

Acuado
à borda do vácuo
o silêncio se dis-
torce seco e sulca
ecos em fino trilho

Vibra   contra
a   membrana
híbrido oscila
ora cala frio
cortante ao fio
da lâmina ora
febril grito es-
pasma risca o
áspero fósforo
crepita o fogo
glacial trinca
o osso ouve
o tremor entre
fibras ambíguas

Entre golpes-morse
incandesce e o gelo
sobe seco pelo shô

O órgão-boca
filtra e afila
o último sopro
do fundo do dia-
fragma

Gelsêmio

esquivar-se daquilo que irrompe
na esquina:

se eram aromas de jasmim-da-virgínia
foi um contra-alísio que os atravessou
sem avisar de antemão deste visco que
fez enxertar o corte em sentido reverso

por mais que fosse de jasmim-amarelo
era de cor jamais lembrada a travessia
desse vento avesso às fibras: era corte
diverso do que se insere nítido ao caule

atingia ou quase ao destingir o amarelo
agora turvo ele já mina em mero refluxo
o que ameaça restar do que ainda havia
de jasmim

Sonho de um Sol Negro
(Anúncio de Eclipse)

o vácuo dilatara de forma tal
que já ameaçava devorá-la.
acuada, margeou-o rente
à parede, como se fosse
circundá-lo com seu hálito.

O Duplo (II)

foi seu o meu vagar e ainda
há tanto   por sobrar que
a via silente   se deserta
     (no seu dizer)
de outros passos se despede

do mais que a sombra separa
tão díspar ou parte indistinta
por ir-se outra   por foice
só resta
     (ao meu ver)

o outro:

que silente ouve   e há tanto
a via   tão pouco ausente
     (por assim dizer)
a sombreá-la

à luz de seu vulto
no encalço
de todo   e qualquer passo

À Vista

outra isca para o olhar era a via sem ilhas só de vagas linhas até a margem e mais nada. atrás da mesma risca a outra vaga o mar que havia e nada precisa ali naufraga. e a nau a traz mais arisca do que a prévia (o ia-e-vinha que até ali entorpecia vira atrito de correntes sem caminho). assim ia a nau atrás da trilha sem cismar que a travessia seria mais um risco do que nada. e quem fica aquém-mar por afinar a vista ou adiar a fala só silencia às linhas tantas que a nau traga. maré alta ora vazia. e assim a margem assimila muda toda a via a maré a linha as vagas uma a uma.

Grafia de Assombros

Claudio Daniel

"À guisa da serpente, / ela seduz, sibilina, / ou simula traduzir / ao invento (Adão atenta) / o intento do artífice. [...] / Em mímica ambígua, / diz e dissimula, / inocula, precisa, / a dúvida, finca / a presa, desnuda / a falácia da língua / dita adamítica."

> – *De um postal do paraíso de Creuzfelder, extraviado nas águas do Piegnitz.*

Uma jornada em busca do inusitado, seguindo um rigoroso método imaginativo. Ao longo do percurso, a paisagem é retalhada, recriada, formas dispersas e caóticas são combinadas em estranha tessitura, compondo novos corpos semânticos, com sua própria aquarela e timbres de violoncelo. Distante de qualquer princípio de linearidade, o discurso é emaranhado como um novelo, em espirais de som e sentido. Mandala, talvez labirinto, onde cores e linhas se mesclam, intercalam, interagem, em estrutura de movimentos. Enfim, um coral de vozes, de óbvio atonalismo, simulando o barroco mas com outra medula óssea; vozes mais contidas, em sua síntese de tesouras, mas que participam do transmutar camaleônico no jardim. Sim, estou falando de *Périplos*, livro de estréia de Simone Homem de Mello, que traz pequenas narrativas recortadas por deslocamentos e aproximações de figuras e pensamentos. Sua voz elíptica, estilhaçada, tem ritmo imprevisto, beirando a prosa (o que atribui certa vivacidade metálica aos monólogos e recitativos). A trama fabulatória, se está distante da crônica de magazine, em sua previsível oralidade, aproxima-se do andamento e montagem de certos filmes; podemos pensar, talvez, em algumas seqüências expressionistas alemãs da década de 1920 (de preferência, uma película estrelada por Louise Brooks), ou quem sabe de algum clássico manjado de Jean Luc Godard. Todos estes argumentos (ou imagens mentais), porém, são desnecessários, se lemos algo como *Pas de Deux*, poema que é poética, mimetizada em sua própria grafia de assombros: "só um corpo / dilacerado / entre objetos díspares, / escafandros corais candelabros clásticos / máscaras de esgrima ímãs facas vidraças / enviesado, / em híbrido jardim / de inverno, / primavera plena de gritos óticos".

Partituras animadas por algum secreto demônio da analogia, os poemas longos de Simone surpreendem pelo acabamento da estrutura, pelo encaixe pertinente de todos os elementos, como num cubo mágico ou jogo de quebra-cabeças. O tecido fônico revela ecos especulares de aliterações, assonâncias e dissonâncias, numa sintaxe (fraturada) que não é abolida, mas reinventada como metáfora crítica do próprio discurso. A mescla de abstração e figurativismo, de melodia e ruído, em sucessivas camadas semânticas, indica bem essa inquietação polifônica da autora, que não se contenta com a rotina do dizer poético. Assim, por exemplo, em *Alte / Neue Weinsteige*, composição dividida em cinco blocos, como os movimentos de uma peça de concerto: "Até emergir o mirante. / Dissimulava-se onisciente / periscópio, reverso / de certo ponto cego, / ora panóptico, / de

onde nada / jamais escaparia, / vigília sem cessar-/ fogo, foco
multiface / sob comando único; / ora observatório / de faro
anamorfótico, / vértice preciso, / a transfigurar / matizes em
matriz." Não é empresa fácil desvelar os modos dessa escrita
muitas vezes cifrada, enigmática, de uma poeta culta, de rara
sensibilidade. Tudo o que posso acrescentar, para concluir este
breve guia de viagem, é que Simone Homem de Mello pode ser
considerada uma referência de destaque no panorama da nova
poesia brasileira, que há um bom tempo não era abalada por
voz tão contundente.

São Paulo, novembro de 2004

Título	*Périplos*
Autora	Simone Homem de Mello
Produção Editorial	Aline Sato
Editoração Eletrônica	Amanda E. de Almeida
Capa	Negrito Design Editorial
Formato	14 x 21 cm
Tipologia	Minion
Papel de Miolo	Pólen Soft 80 g/m^2
Número de Páginas	96
Impressão do Miolo	Ferrari Ed. e Artes Gráficas